Hermann Multhaupt

Möge das Licht Gottes dir leuchten

Irische Segenswünsche zum Weihnachtsfest

benno

Irischer Weihnachtssegen

Nicht dass jedes Leid dich verschonen möge,
noch dass dein zukünftiger Weg
stets Rosen trage,
keine bittere Träne über deine Wange komme,
und kein Schmerz dich quäle –
dies alles wünsche ich dir nicht.

Sondern:
dass dankbar du allzeit bewahrst
die Erinnerung an gute Tage.
Dass mutig du gehst durch Prüfungen,
auch wenn das Kreuz auf deinen Schultern lastet,
auch wenn das Licht der Hoffnung schwindet.

Was ich dir wünsche:
dass jede Gabe Gottes in dir wachse,
dass einen Freund du hast,
der deiner Freundschaft wert.
Und dass in Freud und Leid
das Lächeln des menschgewordenen
Gotteskindes dich begleiten möge.

Am Heiligabend

Den Frieden
und den Segen
der Heiligen Nacht
wünsche ich dir.

Die Liebe des Sohnes
und den Frieden
Gottes, des Vaters,
mit dir!

Der König der Welt,
der König des Lichts,
der König des Himmels
und des Paradieses,
der König der Heiligen,
geboren in einem Stall,
segne alle hier.

Wunsch fürs Weihnachtsfest

Möge das Weihnachtsfest
an das Tor deiner
Kindheit rühren.

Mögest du
in den Jubel der Engel
einstimmen können,
die sich über die Geburt
des Kindes freuen.

Möge das Kind,
das seine Göttlichkeit
unter der Armut verbarg,
in deinem Herzen
eine Wohnung finden.

Der Engel des Friedens

Der Engel des Friedens,
der den Hirten
die Geburt des Kindes
verkündete,
möge dich nicht verfehlen
und an deiner Tür
nicht vorübergehen.

In Gestalt eines Kindes

Mögest du
immer bedenken,
dass Gott dir
in der Gestalt eines Kindes
entgegenkam
und dass du ihm
in Gestalt eines Kindes
willkommen bist.

Möge das Kind,
das im Stall geboren wurde,
und möge die Jungfrau Maria,
die ihm die Brust gab,
von deinen Wünschen
und Hoffnungen wissen
und möge dir
himmlische Belohnung
zuteilwerden.

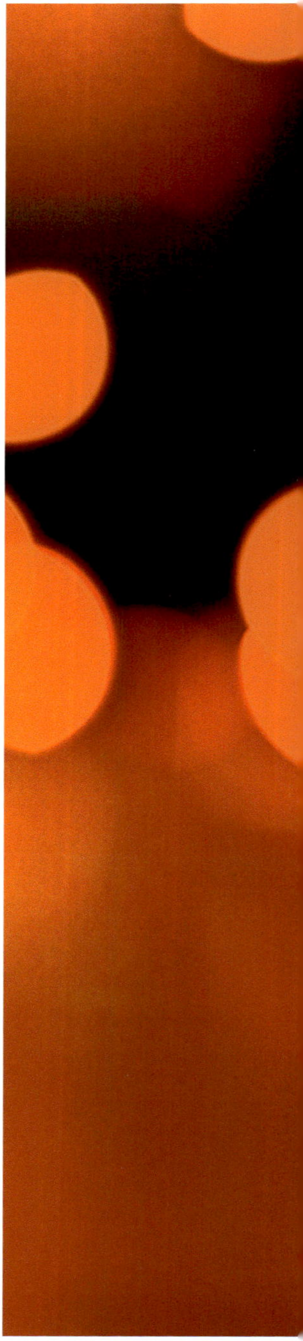

Das Geheimnis von Betlehem begreifen

Möge dein Herz
sich im Licht
der Krippe
verwandeln
und dem göttlichen Kind
eine würdige
Heimstatt geben.

Gott schenke dir
ein kindliches Herz,
damit du das Geheimnis
von Betlehem begreifst.

Segen für den Lebensweg

Möge das Kind in der Krippe
dich daran erinnern,
dass auch du arm und bloß
auf die Welt gekommen bist.

Möge das Licht
des Sterns von Betlehem
deinen ferneren Lebensweg
erleuchten.

Segen des Friedens

Den Frieden
der Heiligen Nacht
wünsche ich dir.

Den Frieden
des Sohnes Gottes
wünsche ich dir.

Das Lächeln
der Mutter des Sohnes Gottes
verwandle dein Herz.

Segen am Weihnachtsmorgen

Mögen Friede und Freude die ersten sein,
die die Klinke deines Hauses
am Weihnachtsmorgen niederdrücken.

Glückseligkeit werde
zu deinem Haus geleitet
durch das Licht von Weihnachten.

Das Licht des Friedens

Möge der Stern
über dem Stall von Betlehem
Heim und Herd erleuchten
und dem Haus
das Licht des Friedens
bringen.

Der Segen aus
dem Stall zu Betlehem
erreiche auch dich
und den letzten Winkel
deines Herzens.

Ein Lächeln weitergeben

Weihnachten
lächelt dir Gott
in einem Kind zu.
Mögest du
dieses Lächeln
weitergeben an alle,
die du triffst.

Möge Gott
dir Ruhe verschaffen,
damit du ein
gesegnetes Weihnachtsfest
feiern kannst.

Neujahrssegen

Segne das neue Jahr, mein Gott.
Meine Hände mögen segnen,
was sie berühren.
Meine Ohren mögen segnen,
was sie hören.
Meine Augen mögen segnen,
was ihnen begegnet.
Mein Mund möge segnen
mit jedem Wort.

Lass mich nicht aus deinen Augen,
mein Gott, aus deinen Händen,
aus deinem Ohr, aus deinem Herzen,
an diesem Tag und alle Tage.

Bibliografische Information der Deutschen Nationalbibliothek
Die Deutsche Nationalbibliothek verzeichnet diese Publikation in der Deutschen Nationalbibliografie; detaillierte bibliografische Daten sind im Internet über http://dnb.d-nb.de abrufbar.

Fotonachweis
Cover: © Kautz15/Fotolia.de; S. 2/3, 30/31: © Ingus Evertovskis/Fotolia.de; S. 6/7: © Stefan Körber/Fotolia.de; S. 8/9: © Cachaco/Fotolia.de; S. 10/11: © LianeM/Fotolia.de; S. 12/13: © Stefan Körber/Fotolia.de (oben), © Anna Omelchenko/Shutterstock.com (unten); S. 14/15: © adimas/Fotolia.de; S. 16/17: © picture-alliance/ZB; S. 18/19: © Jenson/Fotolia.de; S. 20/21: © Alexander Hoffmann/Fotolia.de; S. 22/23: © Stefan Körber/Fotolia.de (oben), © cmfotoworks/Fotolia.de (unten); S. 24/25: © picture-alliance/ZB; S. 26/27: © World travel images/Fotolia.de; S. 28/29: © Morten Almeland/Fotolia.de

ISBN 978-3-7462-3505-9

Stammerstr. 11, 04159 Leipzig
Umschlag und Gestaltung: Ulrike Vetter, Leipzig
Gesamtherstellung: Arnold & Domnick, Leipzig (A)